고달당한 자의 기쁨

고발당한 자의 기쁨

저　　　　자　김춘이

저작권자　김춘이

1판 1쇄 발행　2020년 9월 25일

발 행 처　하움출판사
발 행 인　문현광
교　　정　신선미
편　　집　조다영
주　　소　전라북도 군산시 축동안3길 20, 2층(수송동)
I S B N　979-11-6440-690-6

홈페이지　http://haum.kr/
이 메 일　haum1000@naver.com

좋은 책을 만들겠습니다.
하움출판사는 독자 여러분의 의견에 항상 귀 기울이고 있습니다.

이 도서의 국립중앙도서관 출판예정도서목록(CIP)은 서지정보유통지원시스템 홈페이지(http://seoji.nl.go.kr)와
국가자료종합목록 구축시스템(http://kolis-net.nl.go.kr)에서 이용하실 수 있습니다.(CIP제어번호 : CIP2020038831)

고발당한
자의 기쁨

고발당한 자의 기쁨

글을 쓴다는 것은

주님의 간섭을 받는다는 것은
주님의 인도하심을 받는다는 것은
주님의 선하신 계획 안에 있다는 것은

산책로의 많은 나무들 사이를 걷다 보면

사계절의 비바람에 의해
유난히 드러난 나무뿌리들의 엉킴을 만나게 됩니다.

저주받은 뱀처럼 이리 구불 저리 구불
얽히고설켜서 징그러워 보이지만

사계절의 비바람에도 전혀 영향받지 않아
뿌리를 전혀 보이지 않는 옆의 아름다운 나무들과 달리

다정한 친구처럼 느껴지는 것은

드러난 고집의 뿌리로 이리 구불
드러난 탐심의 뿌리로 저리 구불
자기 사랑에 충만한 우상들로 얽히고설켜 있는
징그러운 나의 모습이기 때문입니다.

사계절 고난의 비바람에 드러난 뿌리들만
나무 몸을 중심 삼아 하늘로 향해 솟은 가지들이 누리는
다른 세상을 볼 수 있듯이

성령에 의해 고발당한 죄악의 뿌리들만 볼 수 있는
나무에 달린 예수 몸을 중심 삼아
죽음의 십자가 안에 있음이

주님의 선하신 계획 안에 있음을
주님의 인도하심을 받고 있음을
주님의 간섭을 받고 있음을

날마다 불의한 자임을 고발당하고 있음을
날마다 주 예수 그리스도의 십자가 은혜로만 살 수 있음을

글로 쓴다는 것을

받아 누리게 하시니

믿음 생활을 하면 할수록
자신만을 믿고 있는
가짜라는 사실을

믿음으로 받아 누리게 하시니 감사합니다.

소망을 바라본다고 고백하지만
보이는 욕망을 따라가는
위선자라는 사실을

소망으로 받아 누리게 하시니 감사합니다.

사랑을 한다고 하지만
이해득실로 상대를 미워하는
살인자라는 사실을

사랑으로 받아 누리게 하시니 감사합니다.

하나님 아버지로부터 버림받은 유일한 죽음인
저주의 십자가 죽음을 경유한 주 예수 그리스도만이
믿음이요, 소망이요, 사랑임을

긍휼로 받아 누리게 하시니 감사합니다.

유일한 진짜인 예수를 조롱하는 가짜에게
유일한 진리인 예수를 훼방하는 위선자에게
유일한 생명인 예수를 죽인 살인자에게

예수 죽인 흔적을 몸에 새겨 십자가로 안고 있는 기적이
이미 창세전부터 안겨 있었던
과거의 일이었음을

지금 현재에는 문득문득 감지되며
다가올 미래에 일어날 일로 보이는
불가사의한 충격적인 예수 십자가의 사건으로

죽은 자와 산 자의 심판 주가 되시니 감사합니다.

갈등이라는 선물

나와 너의 만남이
나와 내 안의 만남이

당황하는 자로
당황케 하는 자로

혼란을 주는 자로
혼란을 겪는 자로

끊임없는 갈등 속에서도
당당하게 말할 수 있는 것은

거짓말만 쏟아내는
사기꾼 야곱을 덮고

예수님의 십자가 죽음이
친히 말씀하시기 때문입니다.

끊임없는 나와 너의 갈등이
계속되는 나와 내 안의 갈등이

지금도 일하시는
주 예수 그리스도와의 만남이라는 것을

거꾸로 해석하는 어리석은 죄인이기에

눈에 보이는 세상에서
옳은 말, 옳은 판단으로
주님과 동행하고 싶은 나에게

보이지 않는 나라의 투명함이
감추었던 나의 의로움을
어둠으로 까발립니다.

주님은
죄인에게 나오는 옳은 말, 옳은 판단으로
맞아 죽으심으로

그 죄인을 살리신
은혜의 십자가 보혈 안에 머무는 것만이
동행이라 하시니

오늘도
말씀의 진의를
거꾸로 해석하는 어리석은 죄인이기에

주 예수 그리스도가
홀로 이루신
죽음의 십자가 은혜만 간구합니다.

바람이 부는 대로 이끌리는 여행

모든 사건과 상황은
십자가 증인으로

죄인 중의 괴수로 발각되는
사건과 상황이기에

'아멘'으로 인도해 주십니다.

죽음의 십자가로 모든 것을
완성해 주시고

항상 기뻐하라는 말씀 속으로
함몰시켜 주시며

범사에 감사함만 남기십니다.

지금도
나를 위하여

예수를 죽이고 이웃을 죽이고 있는
현장을 보이시며

친히 쉬지 않고 기도하시기에

그리스도 예수 안에서
열린 무덤으로, 썩어짐으로, 마른 뼈로, 어둠으로

드러나는
바람이 부는 대로 이끌리는 여행 중입니다.

함께할 수 있는 바람일 때도 아멘
흩어지는 바람일 때도 아멘

인생의 희로애락으로
주님이 홀로 일하시는 완벽한 십자가 앞에

아무 할 말 없는 자로, 또 다른 아무 할 말 없는 자에게
인도함 받기를 소망해 봅니다.

불가사의한 불의한 은혜가!

허무한 땅의 죽음인 피조물이
영원한 하늘의 생명을 얻겠다고
의인의 몸인 양
창조주 흉내를 내고 있으니

이런 불의한 일이!

영원한 하늘의 생명이신 창조주께서
허무한 땅의 죽음을 대신하시기 위해
죄의 몸으로
피조 세계에 오셨다니

이런 불의한 일이!

의인은 없나니 하나도 없다는 말씀을 들은
의인인 척하는 자존심 상한 그 죄인의 손에 의해
유일한 의인이신
그리스도 예수님이 죽임 당하시니

이런 불의한 일이!

예수님의 십자가 죽음으로
예수님을 죽인 그 불의한 죄인의 몸에
예수님의 죽음의 흔적을 새기시며
"의인이다" 선포하시니

이런 불가사의한 불의한 은혜가!

자석같이 철커덕

주 예수 그리스도만이 빛이시기에
가짜 계명성들을 밀치시며
온통 어둠으로 드러난 자만

철커덕, 빛의 한 몸으로

주 예수 그리스도만이 생명이시기에
스스로 살아 있다는 자들을 밀치시며
선악과 먹고 죽은 악인만

철커덕, 생명의 한 몸으로

주 예수 그리스도만이 의인이시기에
자칭 의인들인 바리새인들을 밀치시며
나만을 사랑한 창녀 죄인을

철커덕, 의인의 한 몸으로

생각의 꼼수와
행위의 노림수로
주님을 죽인 살인자를

철커덕, 십자가 죽음 안으로

주님을 믿을 수도

주님을 사랑할 수도

주님을 찬양할 수도 없는 자에게 찾아오셔서

철커덕, 십자가 피만 자랑하는 한 몸으로

꿈틀꿈틀

천 천 히
고요하게
꿈틀꿈틀

혐오하는 눈빛들을 지나며
야유하는 소리들을 들으며
꿈틀꿈틀 애벌레

땅이 전부인 양 온몸으로 기어
주어진 오늘이라는 고통의 시간을
꿈틀꿈틀 애벌레

혐오하는 눈빛에, 야유하는 소리에
모든 움직임을 멈추고
번데기의 고요함에 머물 때

때가 되매
이미 겪은 인고의 시간으로 오신
예수님의 날개를 꺾어서

선포하시는 언약의 말씀
'너는 나의 영광을 위해
사로잡힌 창세전 하늘의 신부다'

이제는 십자가에서 꺾인 피로 만들어주신
그리스도의 날개로
주 예수 그리스도의 주 되심만을

천 천 히
고요하게
팔랑팔랑

널뛰기

어린 시절
'나'와 '너'가 널뛰기를 합니다.

서로의 몸무게와 기술에 따라
'나'가 높게도 올라가고
'너'가 높게도 올라갑니다.

얼굴은 웃고 있지만
불안한 마음으로 올라갔다가
두려운 존재로 내려옵니다.

그래도
속마음을 들키지 않기 위해
얼굴의 미소를 간직한 채.

광야 시절

원망과 분노가 널뛰기를 합니다.

환경과 탐욕에 따라

원망이 높게도 올라가고

분노가 높게도 올라갑니다.

얼굴은 울고 있지만

원망과 분노에게 살해당한 예수님의 처참한 모습을 보고

그럴 수밖에 없는 존재임을 알고 내려옵니다.

그러나

속마음을 들킨 자의 자유함과

얼굴에 묻은 예수 피를 간직한 채.

떫은 속껍질을

허공에 매달려
빈틈없는 가시 창들로 성벽을 쌓고
느긋하게 가시 창들을 세고 있을 때

느닷없이 내리치는 막대기에
허공에서 혼돈의 땅으로 추락하여
나뒹구는 가시 돋친 밤송이

추락의 충격도 잠시
사정없이 짓밟는 발길질에
저주의 가시 창 벽이 무너지자
드러난 단단한 방패 옷을 부여잡고
떨어져 나간 가시 창들을 그리워할 때

이때를 기다렸다는 듯이
준비된 날카로운 도구에 의해
단단한 방패 옷조차 찢기고

솟구치는 고통의 눈물 속으로
이미 앞서 가신 그리스도 예수님의
죽음의 십자가 피눈물이 흐를 때

창과 방패로 마지막까지 감추고 싶던
견고한 자기 사랑의 떫은 속껍질을
죽음의 피눈물에 불려
날 선 칼날로 깎아내며 완성해내는
그리스도 손안에 있는 알맹이는 보았네.

두들겨 맞음도
짓밟는 발길질도
찢김과 깎아냄도

안고 있는 그분이 먼저 당하셨음을
창세전 언약 안의 아버지와 아들만의 비밀임을
안겨 있는 알맹이만 알 수 있는 십자가의 고통과 기쁨을

달리는 전철 안에서

어린아이부터 연로하신 어르신까지
전철 안으로 들어갑니다.

전철 타기 전에 겪었던 온갖 사연을 무시한 채
전철은 두 선로 위로만 달립니다.

예수의 몸이, 그리스도의 영이
옛 언약의 선로, 새 언약의 선로 위로만

현재를 살고 있다고 착각하는
죽어있는 어둠을 품고 달립니다.

여호와의 전쟁을 치르고 있는 충성된 우리야를
살인한 다윗의 언약 위에서만

하늘의 복이신 예수님을 저주하며
도망친 베드로의 신앙고백 위에서만

예수님의 몸은 선악과 입에 문 죽은 자를 품고
유일한 죽음인 십자가로 달립니다.

달리는 전철 안에서 서 있든, 앉아있든
그 어떤 행위도 소용없듯이

그리스도 예수 십자가 안에서
죽은 자의 행위와 자랑이 소용없음을

시공간을 초월한 묵시 속의
십자가 피의 은혜가 덮치며

들려준 사도 바울의 고백처럼
"그냥 지내는 것이 좋으니라(고전7:8)"

진리의 자유로 영원한 찬송을 부르게 하십니다.

"만물이 주에게서 나오고 주로 말미암고
주에게로 돌아감이라
그에게 영광이 세세에 있을지어다 아멘(롬11:36)"

신비의 도로

신비의 도로는 주변 지형에 의해
"내리막길"이 "오르막길"로 보이는 착시현상입니다.

말씀을 보는 제 눈 또한
자신만을 사랑하는 이기심에 의해

주 예수 그리스도의 희생으로 이루신
십자가의 "내리막길"이

나의 자존심을 지켜주는
"오르막길"로 보입니다.

그리스도께서 십자가의 "내리막길"에서
친히 이루신 약속이

내가 지킬 수 있는 "오르막길"의
명령으로 들립니다.

오직 아들의 죽음으로만 들어가는 아들의 나라
십자가의 "내리막길"이

나의 수고와 노력으로 들어갈 수 있는
"오르막길"로 보입니다.

오, 주님!
이 대책 없는 곤고한 죄인에게

내리막길도, 오르막길도
해당 없는 자임을 알게 하시니

우리 주 예수 그리스도로 말미암아
하나님께 감사하리로다. 아멘.

자꾸 깜박깜박할 때

저주받아 죽어 마땅한 죄인임을
자꾸 깜박깜박할 때

말은 아벨의 제사에 관심 있는 듯하나
행동은 가인이 쌓은 에녹성 안을 뛰고 있으니

아,
나는 예수님의 죽음이 아니면
저주받아 죽어 마땅한 죄인이었구나.

자꾸 깜박깜박하며
말과 행동의 건축자들이 버린 돌로
모퉁이의 머릿돌이 되신 것이
주님의 놀라운 계획이셨군요.

절대 구원받을 수 없는 죄인임을
자꾸 깜박깜박할 때

생각은 구원받은 거지 나사로에게 있지만
마음은 부자의 풍성한 잔치로 향하니

아,
나는 예수님의 십자가 은혜가 아니면
절대 구원받을 수 없는 죄인이구나.

자꾸 깜박깜박하며
생각과 마음에서 쏟아져 나오는 죄악들로
예수를 십자가에 못 박은 것이
심판 주 되신 주님의 다 이루심이었군요.

혼란스럽다는 것

칭찬은 바라지도 않아
단지
욕먹고 싶지 않을 때

인정받기는 바라지도 않아
단지
무시당하고 싶지 않을 때

관계 속에서 벌어지는 피할 수 없는
혼란을 지나
또 다른 혼란으로

여전히 자신을
가치 있는 존재로 기준 삼을 때
혼란스럽습니다.

칭찬을 들어도, 욕을 먹어도
인정을 받아도, 무시를 당해도
혼란을 지나 또 다른 혼란도

모든 상황이
십자가만 밝히 보이는
사건이기에

그리스도 예수님의

십자가 피만이

유일한 기준임을

오직 그리스도만

주가 되시는

그리스도인을 만들어 가십니다.

뫼비우스의 띠(십자가 안과 밖)

흑암인 존재를 보게 하시며
네가 빛이라는 선언에
빛을 소유한 자로 착각할 때
바로 흑암 속으로

흑암 속에서 믿음 없음을 고백하게 하시며
그게 믿음이라는 말씀에
믿음이 있는 자로 행세할 때
바로 믿음 없는 자리로

항상 십자가 안에 거하는 것만이
의인 된 자녀임을 알려주신 복음에
의인 된 자녀 됨을 위해 노력하는 순간
바로 영원한 십자가 밖으로

날마다 마음에 하나님 두기를 싫어하여
모든 불의, 탐욕, 악의가 가득한 자로
수군수군하는 자로, 하나님 미워하는 자로
끊임없이 죄가 솟아남을 보게 하시며

그 솟아난 구멍 아래
첫 아담 안에 속한 허망한 존재가
선악의 이름으로 이리 뛰고 저리 뛰며
탐욕의 칼로 찌른

두 번째 아담인
그리스도 예수의 십자가 보혈 위에
뒹굴고 있는
죄인 중 괴수임을

안과 밖을 구분할 수 없는 소경이기에
안과 밖의 기준이신 심판 주께서
예수의 죽음으로 끌어당기시니
아멘으로 끌려갑니다.

기분과 상관없이

나만의 시간이 좋고
나만의 공간이 좋고
나만의 생각이 좋아

찬양도
말씀도
나만의 것으로 바꿔치기하며

기분 좋게
마음이 사로잡힌 공간에서
나만의 허상의 나라를 건축할 때

예고 없이 들이닥친
버려진 모퉁이의 머릿돌이
나만의 허상을 깨트리고 가루로 만들어

주 예수의 종말의 시간 안으로
주 예수와 포개진 공간 안으로
주 예수의 심판 주 되심 안으로

기분과 상관없이
마음이 사로잡힌 자를 사로잡아서
십자가 피로 만든 아들의 나라로 끌고 가시네.

막막함

오늘이라는 시간으로
날마다 다가오는 막막함이
끝없이 펼쳐져도

환하게 웃을 수 있는 것은
계산된 교활한 웃음 뒤에
숨길 수 없는 슬픔을

십자가 죽음으로 완성한
주 예수 그리스도의 환한 웃음이
온 우주를 친히 비추시기 때문이지요.

어제의 막막함도
오늘의 막막함도
미래의 막막함도

피 묻은 주님의 손안에서
이미 끝난
막막함이라는 것을!

갇힌 자의 자유

육신의 편안함에 안주하고자 하나
죽음의 불안을 감출 수 없고

진심이나 상황에 따라 수시로 변하는
어둠의 진심과 직면하며

구멍 난 욕망으로 나그네 현실 속의
생존의 썩어짐에서 몸부림칠 때

스스로의 힘으로는
도저히 벗어날 수 없는 갇힌 자 위에서

쳐다보고 싶지 않은
아니, 쳐다볼 수도 없는 저주의 십자가에서

죽음이, 어둠이, 썩어짐이
뚝~ 뚝~ 뚝~

갇힌 자 아래로
희생의 보혈이 떨어집니다.

죽음의 피로 얻은
영생의 평안으로

어둠으로 얻은
빛의 진리로

썩어짐으로 얻은
생명으로

쳐다보고 싶지 않은
아니, 쳐다볼 수도 없는 심판의 십자가로

주 예수 그리스도의 주 되심만
바라보게 하십니다.

들통나다

집요하게 간직했던
그러나
더 집요하신 분께 빼앗겨서
이제는 낯선 언어들
"긍정의 힘, 바른 교회, 말씀 교회"

피하고 싶었던
그러나
피할 수 없도록 막는 그분으로
이제는 정겨운 언어들
"저주, 죽음, 십자가, 자기 부인"

역전된 것처럼
보이는 순간들로
나는 또다시
괜찮은 나에게 속지만

결코 속지 않으시는 예수님은
사건 하나 속에
자존심을 슬쩍 건드심으로

정겨운 언어와 낯선 언어들이 뒤엉킨
혼돈 속으로
공허 속으로
흑암 속으로

그 어떤 선악 판단도 할 수 없는
죽은 자로 들통나는 자리로
끌고 가시며
주 예수 그리스도의 십자가만
밝히 보여 주십니다.

못난이들에게만

창세전 언약이란
보이지 않는 거대한 자석으로

전 세계에 흩어져 있는
보잘것없는 쇳가루 같은 당신의 자녀들을

십자가 보혈의 불가항력적인 은혜로
끌어당기시는 그 사랑 안에 푹 잠겨

오늘도
우리들의 만남의 교제는

못난이 1
못난이 2
못난이 3

……

우리 내면의 못난이들을 끌어올리며
고백할 수 있는 것은

'나', '없음', '그리스도 예수님'만이 '있음'이란
진리 안에 있기 때문이지요.

시간 있음 안에, 시간 없음을
장소 있음 안에, 장소 없음을

세상은 도저히 알 수 없는
주 예수 그리스도의 주 되심을

못난이들에게만 허락하시는
죽음의 십자가 은혜 안에 거합니다.

함께 나눔은

주신 진리를
말씀의 진의를
입 밖으로 표출하는 순간

즐거움을 위한 탐욕으로 가득 찬 나로
상쾌한 기분을 유지하고픈 불의한 나로
또 다른 문자로 머물지만

그럼에도 불구하고
함께 나눔은
주 예수 그리스도의 일하심만 믿기 때문이죠.

십자가 보잘것없음으로만
십자가 희생의 보혈로만
십자가 죽음의 은혜로만

양과 염소의 가르심으로
알곡과 가라지로 구별하심으로
좋은 물고기와 못된 물고기로 분리하심으로

지금도 친히 일하시기에
주 예수의 십자가 은혜로
함께 나눌 수 있죠.

병상에서

고통의 시작으로
무너지기 시작한 바벨탑!

회복의 시작으로
이전보다 더 견고하게 보수된 바벨탑!

스스로를 어찌할 수 없는
가련한 피조물의 한계를

예수 죽음의 보혈로 짠
그리스도의 하얀 세마포로 덮어

아무 할 말 없는 자로
만들어 가시니, 은혜입니다.

깃털같이 가벼운

주여! 십자가 앞에서 모든 것이
    죄인임을 알게 하시니 감사합니다.

주여! 기도를 해도, 기도를 하지 못해도
    항상 죄인임을 알게 하시니 감사합니다.

주여! 예배를 드려도, 예배를 드리지 못해도
    여전히 죄인임을 알게 하시니 감사합니다.

주여! 말씀을 읽어도, 말씀을 읽지 못해도
    타고난 본성이 죄인임을 알게 하시니 감사합니다.

주여! 십자가 죽음으로 심판 주 되신 그리스도 예수님만이
    만유의 주 되심을 알게 하시니 감사합니다.

이 감사함으로

인생의 길이
막힘없는 고속도로를 달리듯 신나게 전개되든
꾸불꾸불 험한 산길을 돌고 돌아 불안하게 전개되든

인간관계가
취향에 맞는 사람과 화목한 시간을 보내든
생각만 해도 불편한 마음으로 갈등의 시간을 보내든

주 예수 그리스도의 십자가 은혜 안에서
깃털같이 가벼운
존재의 가벼움을 누리게 하소서.

현실의 이중성

같은 장소
같은 시간 속에서

희로애락의
엇갈림과

의미 없는
다양한 소리들로

목마름이 몰려오는
하루의 현실

다른 장소
다른 시간 속에서

오직 십자가 죽음만을
고집하는

의미 있는
동일한 진리의 소리로

영원히 목마르지 않는
영원한 현실

희로애락

인생의 길을 걷다가 기쁨을 만나
시간 가는 줄 모르게 재미있게 놀다 보니

맺어진 많은 관계로
초대하지도 않은 분노가 자리하고

불끈불끈 솟아나는 분노로 인한 분노를
참을 수 없을 때

슬픔이란 친구가 말없이 다가와
바쁜 시간을 멈추고, 많은 관계를 절단 내니

기쁨에게 추방당한 낯선 슬픔이 쏟아지며
분노에게 맞아 죽은 낯선 하나님 아들의 죽음이 드러나니

살아온 모든 날이
심판 주 되시는 아들의 십자가 사건이었음을

인생의 즐거움으로 깨닫게 하시니
인생의 희로애락은 그리스도 예수님의 소품이었군요!

접촉점

나그네는
어딘가에 안전하게 정착하고픈
욕망의 또 다른 이름입니다.

"땅에서 피하며 유리하는 자가 되리라"라는 말씀은
아벨을 죽인 가인에게
주어진 벌이지요.

말씀을 들은 가인은 아주 떳떳하게
에덴 동쪽 놋 땅에
에녹성을 쌓고 거주합니다.

문자로 말씀을 듣는
저의 모습이지요.
나그네의 또 다른 이름은 정착입니다.

먹는 것이 큰 기쁨 중 하나인 저는
맛있는 음식 앞에 쉽게 무릎을 꿇습니다.
배가 부른 상태에서도 말입니다.

너무 좋아서 절제를 못 합니다.
그 기쁨과 즐거움도 잠시 후엔
배설물로 실체를 드러냅니다.

주신 복음의 기쁨과 즐거움도
'나'의 기쁨과 즐거움으로 받아들이기에
배설물로 실체를 드러냅니다.

그 무엇을 해도
예수님의 발꿈치를 상하게 하는
독사의 새끼인 '나'로 드러납니다.

그 무엇을 해도
여자의 유일한 후손인 그리스도 예수께서
'나'의 머리를 상하게 하는 십자가의 접촉점으로 드러나기에

그 무엇을 해도
한없는 기쁨이자
자유입니다.

오늘도
주 예수 그리스도의 십자가 보혈 안으로
깊게, 넓게, 높게 잠기게 하시니

주 되심을 찬양하는 온 우주와 함께
자유롭게 떠도는
의미 있는 티끌이 됩니다.

하루의 절망 가운데서

바쁘고 숨찬 하루하루를
경쟁하며 보내도

여유롭고 한가한 하루하루를
평안히 보내도

세련되고 능숙한 언어로
누군가를 위로했어도

둔탁하고 낯선 언어로
누군가를 실망시켰어도

건강한 몸으로 가고 싶은 곳을
마음대로 다녀도

병들어 침대에 꼼짝없이
답답한 마음으로 누워 있어도

넉넉한 물질로 하루하루를
기쁨으로 즐겨도

부족한 물질로 하루하루를
눈물로 간신히 버텨도

아들의 나라인 천국을
누리는 것은

내 힘으로 하는 것은 죄밖에 없고
끊임없이 솟아나는 죄를 보면서

하나님 나라에 합당하지 않은
십자가의 원수로 발각당하며

그리스도 예수님의 십자가 보혈이 아니면
존재할 수 없음을

깊이를 알 수 없는
깊은 하루의 절망 가운데서

예수의 죽음과 주 되심을
평생 알아가는 것

소리들을 덮는 소리

내 감정으로 말씀을 읽으며
진리와 영으로 예배드리겠다는

터무니없는 소리에

말씀이 나를 읽으며
진리와 영이신 그리스도 예수님의 십자가로
증인 삼으신
광야에서 외치는 자의 소리가

터무니없는 소리를 덮습니다.

내 열심으로 말씀을 읽으며
순종하여 헌신 충성하겠다는

허무맹랑한 소리에

말씀이 나를 읽으며
순종하여 헌신 충성하신 분은 십자가에서 죽으신
하나님이 기뻐하는 아들이신 예수님 한 분이심을
하늘로부터 내려오는 소리가

허무맹랑한 소리를 덮습니다.

내 착함으로 말씀을 읽으며
성령 충만하여 하나님께 영광 돌리겠다는

얼토당토않은 소리에

말씀이 나를 읽으며
성령 충만함은 날마다 십자가 원수로 발각되며
오직 그리스도만이 만유의 주 되심으로
"나는 죄인입니다"라는 기도 소리가

얼토당토않은 소리를 덮습니다.

합리화된 헛소리

내가 어떤 존재인지
가장 잘 드러나는 부분 중 하나가
대화 중 하는 질문입니다.

상대의 이야기에 집중도 잘 못 할 뿐만 아니라
내가 던진 질문에 대한
상대의 답변 또한 귀담아듣지 못할 때가 많습니다.

헤어지고 난 뒤 내 질문에 대해
상대방이 진지하게 답변한 모습은 있는데
상대의 대답은 생각이 나질 않습니다.

상대의 대답이
내가 원하는 답변이 아니었거나
내 잡생각에 몰입하고 있었던 것이지요.

가끔 생각나는 답변에 대해서도
이런저런 나의 기준에 맞추어 토막 내고 토막 내어
새롭게 편집하여 기억하는 것이 대부분입니다.

이런 저에게 주님은
아담과 가인에게 하셨던 동일한 질문을 하십니다.

"네가 어디에 있느냐?"

질문의 진의를 알지 못하기에
합리화된 헛소리를 늘어놓으며 변명으로 회피하고자 하나

결코 잊어서는 안 되는
분명한 대답을 해 주십니다.

"너는 저주받아 반드시 죽는다."

저주가 뭔지? 죽음이 뭔지? 알 수 없기에
수많은 질문과 답변으로 허무하게 살아갈 뿐입니다.

그래서 주님은 말씀의 언약대로
하나님이 질문하신 것은

하나님이신 주 예수 그리스도께서
저주받아 장대에 매달린 놋뱀의 죽음으로 답변해 주십니다.

나의 기준에 맞추어 토막 내고 토막 낸 수많은 질문과 답변이
하나님의 아들을 살해한 저주의 허무인 것을 십자가의 은혜
로 깨닫게 하십니다.

전쟁

하루 종일 함께 한 '나'가 깊은 잠을 자고
아침에 눈을 뜨면
낯선 '나'가 어정쩡한 '나'를 맞이합니다.

죄인이요, 티끌이요, 죽은 자라 고백한 어제의 사실조차
하나님처럼의 '나'의 삶을 위한 발판으로 삼아
이미 왕이 되어 명령하는 낯선 '나' 앞에

또 다른 살아있는 하나님처럼의 삶을 추구하며
"내 앞에 모두 무릎 꿇어"라며 등장하는
낯선 '너'와의 전쟁이 시작됩니다.

낯선 '나'와 낯선 '너'가
동일한 라멕의 노래로(창4:23)
상대를 저주하며, 내 편이 되어 달라고 외치는 자들에게

우리 편이냐, 적들 편이냐를
묻는 여호수아에게 들려준(수5:13~14)
"나는 여호와의 군대 대장으로 지금 왔느니라" 말씀으로

살아있는 '나'와 '너'의 낯선 가짜 나라를 깨뜨리고
죽음으로 만들어진
아들의 진짜 나라로 끌고 가십니다.

아브람의 우상의 껍질을 그리스도 예수의 십자가로 쪼개고
아브라함이란 상속자의 언약인 믿음을 선물로 주시는
심판 주의 믿음 포로로

이스마엘의 육신의 혈통 껍질을 그리스도 예수의 죽음으로
부수고
이삭이란 오직 약속의 자녀만 씨로 여기심을 받는
심판 주의 약속 포로로

야곱의 설치는 자아의 껍질을 그리스도 예수의 죽음의 십자
가 피로 깨뜨리고
이스라엘이란 긍휼히 여길 자를 긍휼히 여기시는 택하심의
언약을
이미 완성하신 심판 주의 언약 포로로

아하, 애당초 우리가

예수님은 제자들의 배신과
십자가 앞에서 모두가 도망칠 것을 아시면서도
함께 동고동락하며 긍휼과 진리의 말씀을 선언하신 것은
처음부터 인간은 예수님의 말씀을 알아들을 수 없었던
티끌임을

아하, 애당초 우리가 그런 존재였군요!

예수님이 하늘나라의 비밀을 가르치시고
곧 있을 비참한 십자가 죽음과 부활을 말씀하셔도
인간들은 "서로 누가 크냐"와 "우리의 영광"을 구하는
세상과 한 몸이 되어 살아가는 죄의 세력에 갇힌
죄인임을

아하, 애당초 우리가 그런 존재였군요!

십자가 앞에서 도망친 것도 부족해서
말씀대로 부활하신 예수님을 만난 사람들의 증거도
믿지 않는 제자들 앞에 오셔서
믿음 없는 것과 마음이 완악한 것을 꾸짖으시니
믿음 없는 자임을

아하, 애당초 우리가 그런 존재였군요!

나의 믿음 없음과
나의 마음이 완악한 것을 보여주시고
그리스도 예수님의 십자가 믿음이
영생의 나라인 아들의 나라로 끌고 가시니
마음이 완악한 자임을

아하, 애당초 우리가 그런 존재였군요!

믿음의 세계는
인간이 감히 개입할 수도
말할 수도 없는 곳에서
그리스도 예수님이 죽음의 십자가로 홀로 행하시고
다 이루셨다는 선포하심으로

아하, 심판 주가 되어 찾아오시는 것이군요!!!

어디서나

주 예수님께 끌려가는
패배자입니다.

서 있는 곳 어디서나
주 예수님께 끌려갑니다.

거룩한 은혜가
덮쳐서

완전한
예수님 십자가 보혈로

모든 시간이
주 예수님께 끌려갑니다.

행복한 마음

의미 있는
의미를 찾아서
시간마다 분석하며
혼돈스러운 나날로

의미 없는
의미들만
가득 찬
공허한 마음에

초대하지도 않은
종말의 주인이 찾아와
혼돈스러운 날들과 공허한 마음을
주 예수의 십자가 죽음으로 품고 계시니

의미 있는
유일한 의미만
가득 찬
행복한 마음

어설픔

지난날 어설픔과
어울리는 방법을 몰라
참 많은 수고를 하며 지냈습니다.

태생이 어설픈데
괜한 고생을 사서 했습니다.
감출 수 없는 어설픈 태생을 즐기기로 했습니다.

여전히
어설픔으로 벌어지는
예기치 않은 사건과 상황으로

때론 당혹함으로
때론 부끄러움으로
때론 장시간 잠수로 피해 보지만

피한 그곳이
십자가 죽음의 피로 완성한
그리스도 예수 안에 있음을 보여주시기에

이젠
'나'도 십자가 죽음 안의 어설픈 존재로
'너'도 십자가 죽음 안의 어설픈 존재로

주 예수 그리스도의

일하심만

오늘도 바라보게 하십니다.

집착

사랑(믿음, 기도, 축복, ···)이라는 이름에 집착하며
나의 뜻을 이루고자
왕처럼 행동할 때는 몰랐습니다.

사랑(믿음, 기도, 축복, ···)이라는 이름에 집착하며
결국 자신도 속고 있었음을

틈새가 벌어지기 전까지는 몰랐습니다.
무덤 속의 죽은 자임을

벌어진 틈새로 보이는
죽은 자의 모습이

내 모습인지
상대 모습인지
헷갈립니다.

내 모습이 아니길
은근히
상대 모습이길 바라며

시선을 급히
딴 곳으로 돌리지만
시선 돌린 그 앞에

'메네 메네 데겔 우바르신(다니엘서5:24)'
나의 왕 됨을 죽이시며
바로 내가 무덤 속의 죽은 자임을

시선을 딴 곳으로
돌릴 수밖에 없는
십자가 앞에서

예수님의 찢기어 벌어진 몸 틈새 안에서
끌어안고 계시는
진짜 집착 안에 붙들릴 때

사랑(믿음, 기도, 축복, …)은
이 세상에 보이는 나라가 아니라
유일한 아들의 나라

예수 그리스도의
주 되심의 나라임을
선물로 보여주십니다.

특별한 혼인 잔치

바쁨으로도
한가함으로도
시간의 주체가 될 수 없으니 허무합니다.

배부름으로도,
풍요로움으로도
욕망을 채울 수 없으니 허기집니다.

듣기 좋은 언어도
보기 좋은 행함도
거짓을 가릴 수 없으니 허탄합니다.

허무한 자로 이 땅에 오셔서
바쁨의 조롱과
한가함의 비웃음을

허기진 욕망의 저주를
생명이신 그리스도 예수께서
죽음의 십자가로 대신 짊어지시고

허탄한 거짓을
하늘의 언어인 그리스도의 '십자가' 안에서
'죄인 중의 괴수'라는 고백의 행함으로 가려주시니

허무와 허기와 허탄 또한

사망의 나라에서 사랑의 아들의 나라로 초대하신

주님의 아주 특별한 혼인 잔치였음을 알게 하십니다.

엉거주춤

욕먹고 싶지 않다는 확고한 '자의식'으로
선택 장애를 앓고 있는 나는
늘 엉거주춤입니다.

서지도 앉지도 못하는
행함의 답답함에서 벗어나고자
몸부림치는 나에게 주님은

스스로 설 수도, 앉을 수도 없는 넘어진 자로
강도 만나 피투성이가 되어
엎드러진 자임을 보이시며

이미 스스로 넘어지셨고
강도 만나 피투성이가 되셨던
못 자국 난 주님의 손으로 붙들어 주시며

도망친 제자들 앞에
약속대로 부활의 몸으로 오셔서
"얘들아"라고 다정하게 부르신 그 사랑의 섬김으로

드러난 모습은 엉거주춤이요.
뿌리부터 엉망진창인
나의 삶을 보시며

"죄인을 부르러 오셨다"라는
충격적인 믿음의 말씀으로
그리스도 예수의 십자가 행함만이 행함임을

유일한 의인의 십자가 품 안에
꼭 안아 주시며
행함의 강도로부터 보호해 주십니다.

진리가 부른 자만이

십자가 복음으로 인도함 받은 곳은
누구나 쉽게 머물 수 있는 곳은 아닙니다.

이곳은 온갖 악취가 나고
끊임없이 솟아나는 죄악들을 보며
참아내야 하는 곳입니다

상대의 죄악들에서
아직도 내 안에 감추어둔 죄악들을 보게 하시며
내 죄악들로 상대의 밑바닥에 엎드려 있는 죄악들을 들쑤셔
댑니다.

세상의 지혜 있는 자들이 추구하는
참되고 착하고 아름다운 것은 없습니다.
괜찮은 사람도 없습니다.
자존심을 지키고자 하는 사람들도 머물 수가 없습니다.

오직 진리가 부른 자만이 머물 수 있습니다.

이곳은
정신없고 혼란스럽고 괴롭습니다.
틈만 나면 도망치고자 합니다.

갑자기 덮쳐오는 역겨운 피비린내로 앞뒤 안 가리고
열심히 도망쳤는데
분명히 도망쳤는데

제자리 뛰기만 하고 있는 혼돈 속에서
내 손에 들린 피 묻은 망치와 남은 못 위로
뚝뚝 떨어지는 핏방울들로 소스라치게 놀라며

나는 아니라고 외쳐보지만
이미 예수님을 십자가에 못 박은
가해자인 사실만 뚜렷하게 부각됩니다.

입술을 가리고
할 말을 잃은
어리석은 나에게

또 다른 어리석은 자가
입술을 가리고 할 말을 잃은
가해자가 되어 함께 섭니다.

오늘도
이곳에 모인 어리석은 자들은
피비린내와 온갖 악취로 가득 찬 이곳에 머물며

심판 주 되신 예수 그리스도가
제공하는 양식을 함께 먹으며
찬양하는 자로 지어져 갑니다.

독특한 언약

그리스도 예수님은
양면테이프처럼

테이프의 안팎에 예수의 십자가 피라는
접착제만 칠해져 있기에

거룩하고 흠이 없는
그리스도의 한 면은 아버지 하나님께

죄인 중에 괴수 되신 예수의 한 면은
죽어 있는 신부에게

순종과 용서의 양면테이프가
되어 주신 그리스도 예수님

인간이 좋아하는 것으로 만든 하나님과
인간이 추구하는 가치로 만든 행위는

절대 접근할 수 없는
오직 죽음의 십자가 피만을 고집하며

한 면은 죄와 저주와 죽음을 덮는
예수의 피로

한 면은 의와 축복과 생명으로 여는
그리스도의 피로

오늘도 이해할 수 없는
심판 주의 독특한 언약의 나라로 이끌고 가신다.

미래와 희망

에발산의 저주를 피하고, 그리심산의 축복을 받으려는
다른 복음을 좋아하는 어떤 스스로의 의인인 죄인은

육신의 정욕에서 벗어나고자 애를 쓰며
스스로가 만든 선함에 만족합니다.

안목의 정욕을 피하고자 노력하며
스스로가 만든 가치에 감동합니다.

이생의 자랑을 안 하겠다고 언행을 조심하며
스스로가 만든 능력에 기뻐합니다.

그 어느 날
임의로 부는 바람으로 십자가 앞에 선 그 죄인은

육신의 정욕, 안목의 정욕, 이생의 자랑에서
벗어나고자 노력하면 할수록

다른 복음의 탐욕이 만든 선함과 가치와 능력이
더 깊은 재앙의 아골 골짜기로 떨어지는 그 실체를 보게 됩니다.

육신의 정욕에 정복당한 포로로, 예수를 찌르고 있음을
안목의 정욕에 몰수당한 노예로, 예수를 핍박하고 있음을
이생의 자랑에 굴복당한 패배자로, 예수를 못 박고 있음을

깜깜한 그 절망의 재앙 속에서
스스로는 메시아를 알아볼 수 없는 벌거벗은 피조물에게
하늘의 옷을 스스로 벗어 덮어주시고

정복당한 포로가 되어
몰수당한 노예가 되어
굴복당한 패배자가 되어

벌거벗은 몸으로 죽으시며
일방적으로 그리스도 예수님만을 바라보게 하십니다.

예수님의 죽음의 재앙이
예수님이 품은 죽음의 재앙에 연합되는 은혜만이

재앙이 아니라 평안이요, 미래요, 희망임을
우리를 향한 주님의 생각임을 깨닫게 해 주십니다.

에발산의 저주를 받을 수밖에 없는 허무한 나를
그리심산의 축복이신 그리스도께서

오늘도 다른 복음으로 십자가 복음을 훼방하는 나를
십자가 죽음의 피로 감싸서

평안이요, 미래요, 희망이신 그리스도의 일하심만
바라보는 은혜를 허락하십니다.

직면

눈에 보이는
미소가 좋고, 웃음이 좋고, 진심이 좋고
순수함이 좋고, 아름다움이 좋고

그런 상대를 보고 있는
내가 좋고

눈에 보이는
좋고 좋은 것을 좋아하기에

나는 결코
비참한 죽음의 십자가를 지신
예수님을 좋아하지 않음을 드러내신다.

번드르르한 거짓말쟁이로
직면하게 하신다.

눈에 보이는
분노가 싫고, 울음이 싫고, 멸시가 싫고
가난이 싫고, 죽음이 싫고

그런 자신을 보고 있는
내가 싫고

눈에 보이는
싫고 싫은 것을 싫어하기에

나는 결코
조롱과 멸시의 십자가로 만든
아들의 나라에 들어갈 수 없음을 드러내신다.

사망의 나라에 속한 자임을
알게 하신다.

나의 좋고 싫음과 상관없이 임한
일방적인 아들의 나라가
십자가의 은혜가

이 은혜가, 이 죄인에게 합당한가!

별일 많은 땅의 세상에서

땅 위 하늘의 궁창을
자유롭게 날아다니는 새들도

생존을 위해 심판의 땅으로
먹이를 찾아 내려오고

땅에 갇힌 자로
반드시 멸망의 흙으로 돌아갈 육신도

생존과 가치를 위해
심판의 땅만 바라보는 소경일 때

땅에서 들리신
처참한 십자가 죽음으로

땅의 가치인 배설물만 추구하며
죄만 쏟는 육신을

땅의 죽음을 통한
생명의 새 언약으로 품어 안으시고

땅 위 하늘을 잇는 사닥다리인
그리스도 예수의 보혈로

땅은 절대 이해할 수도, 볼 수도
들을 수도 없는 비밀인

땅 위 하늘의 양식이신
그리스도의 생명을 먹여주시며

별일 많은 땅의 세상에서
믿음의 선물로 붙드시고

별일 없는 하늘의 존재로
끌고 가시니 감사를 드립니다.

어쩌나

믿음 생활을 잘하라고 말하는 자가
선물로 받은 믿음의 주인을 모르니
이를 어쩌나

죄인이라는 말을 입에 달고 사는 자가
그리스도 예수의 십자가 사건을 무시하니
이를 어쩌나

예수님을 믿는다고 하는 자가
자신의 공적과 가치를 더 믿고 사니
이를 어쩌나

예수님의 은혜로 살고 있다고 하는 자가
남들보다 더 잘살았다고 자부하니
이를 어쩌나

하나님을 사랑한다는 자가
하나님이 어떤 분인지 관심이 없으니
이를 어쩌나

이를 어쩌나
사건 속에서
나의 꼼수도, 나의 잔꾀도

가나 혼인 잔칫집의 빈 항아리로 드러내시고
신랑 되신 예수님의 죽음의 피로 가득 채우시니
이를 어쩌나

의로우신 아버지 하나님은 아들의 순종의 피로
무지하여 설치는 불의한 자만을 찾으시니
이를 어쩌나

오늘도
어쩌나
사건이

살아계신 그리스도 예수의
이미 완성한 십자가 새 언약의
일하심의 사건이었구나.

약속의 어둠

두 발은 더 많은 힘을 차지하기 위해 향방 없이 달리고
두 손은 탐욕스러운 눈동자로 끊임없이 움켜쥐고
곧은 목은 겸손으로 가장한 교만과 허영으로 뻣뻣하고
우두머리가 되고픈 머리는 허공에 매달려
죽음의 땅만을 바라보며

안정적으로 살고 싶은 생존의 눈먼 욕망에
몸을 절대자처럼 더 높이 세로로 세우며

과거의 상처로,
현재의 행복으로,
미래라는 희망으로
존재하지도 않는 텅 빈 시간을
환상 가운데 세로로 세우며
허무한 땅속으로만 파고듭니다.
어둠에 점령당한 채

행복과 희망 속을 헤매다 허무로 발견된 나는
모든 힘을 빼앗기고 꼼짝없이 하늘을 향해 누워
스스로는 설 수 없는
저주받은 밑바닥의 텅 빈 가로가 됩니다.

혼자인 줄만 알았던 나의 회칠한 무덤 아래
여호와의 전리품을 훔쳐 땅속에 감춘
반드시 죽어야 하는

아간의 아골 골짜기의 돌무덤이(수7:16~26)
포개져 뗄 수 없는 약속의 어둠이 됩니다.

어둠의 무덤 위로
어둠의 찬양을 받기 위해 어둠이 되신
어둠 속에 머리 둘 곳도 없으셨던 그 머리를 숙이신(요19:30)
창세전 언약의 이름으로 세워진 세로의 기둥에 매달린
예수님의 십자가 보혈의 피가
예수님의 빈 무덤이
어둠의 무덤 위로 덮치자

저주의 아골 골짜기가 소망의 문이었음을(호2:15)
살고자 도망친 야곱이 가로로 누워 꿈에 본 사닥다리가
하늘의 문이요 길이요 진리요 생명이신
죽음의 십자가 사닥다리였음을(요1:51)

약속대로 여인의 후손으로 오신 예수님의 발꿈치를
오늘도 끊임없이 상하게 하며
복음조차도 소유하고자 하는 마술사 시몬이 '나'였음을
선명하게 보여주시며
십자가 보혈로 저주받은 땅의 머리를 덮으시며
심판 주 되신 그리스도의 포로 된 노래를 허락하십니다.

알파와 오메가요
처음과 마지막이신
생명수 샘물을 목마른 자에게 값없이 주신(계21:6)
주 예수 그리스도를 찬양합니다.

일관성 있게

시간 자체에 의미가 있다고 생각한 옛 시절

영화를 보는 것도
책을 읽는 것도
소비적인 것도
게으른 것도
노는 것도

하나님 아버지 자녀다운 행동인가를 생각하며
자책하는 시간이 많았습니다.

예수님의 십자가 사건을 경유하지 않았기에
결국 '나'가 시간의 주인공이었지요.

시간의 주인이신 아들의 십자가 죽음이 임하자
그리스도 예수님의 주 되심과

그 보혈 안에 있는 것만이
의미 있는 시간임을 알려 주시기에

영화를 보든, 보지 않든
책을 읽든, 읽지 않든
소비적이든, 생산적이든
게으르든, 성실하든
놀든, 일하든

무엇을 해도 자기만족이라는
그럴듯한 합리화로
죄만 일관성 있게 쏟아놓는 죄인을

피로 일관성 있게 덮고 계신
십자가 은혜만 바라보는
의미 있는 시간을 허락하시니 감사합니다.

헛짓

세상이 추구하는
참되고 착하고 아름다운 세상이 너무 좋습니다.
그냥 단어만 들어도 좋습니다.

세상과 한통속인 나는
참되고 착하고 아름답다고 정의한
막연하고, 근거 없는 세상의 논리 위에

누가 들어도 듣기 좋은
구약 말씀을 토막 내고
신약 말씀을 토막 내어

세상이 좋아하는
다양한 비빔밥을 만들어
함께 먹으며 좋아합니다.

오늘도
주 예수 그리스도께서
명하신 닭이 울기에

예수님을 사랑한다는 고백이
실은 자기 자신만
사랑하고 있음을

맛있는 비빔밥으로
예수님을 증거 한다는 것이
결국은 자신의 입맛만 드러내고 있음을

참되고 착하고 아름다운 것을
추구한다는 것이
내 안에 거짓과 악함과 더러움의 욕망이 전부임을

처음부터 끝까지
예수님을 배반하고 훼방할 수밖에 없는
존재임을

소음으로만 여겼던 닭의 울음으로
확인시키시는
주님의 여유로운 유머 안에 품고

헛짓만 하는, 존재 아닌 존재를
긍휼히 여기시며 처음부터 끝까지
예수님의 십자가 보혈로만

만유 위에 주 되심을 드러내시니
주 예수 그리스도만이
참되시고, 착하시고, 아름다움이십니다!!!

함몰되는 은혜 속에서

상쾌한 마음으로 만나고 싶은 만남에
원치 않는 시궁창 같은 더러운 마음이 솟구칠 때

그 어떤 마음도
내 소유가 아니었음을 알게 하십니다.

바람 부는 방향대로 흔들리는
나뭇잎들의 다양한 소리들도

바람에 펄럭이는
빨래들의 향방 없는 손짓들도

바람이 멈추면 제 자리를 찾지만
바람에 날리던 내 마음들은

때론 허락하신 상쾌한 마음으로
때론 허락하신 시궁창 마음으로

나의 어떤 마음도, 손짓도, 소리도
닿을 수 없는

위에서 떨어지는 십자가 보혈의
주 예수 그리스도의 은혜가 아니고서는

단지, 혼돈과 공허와 흑암이며
저주의 땅과 밀착된 지렁이일 뿐입니다.

너무 커서 보이지 않는 우주의 거대함도
너무 작아 보이지 않는 미세한 미생물의 세계도

원하는 상쾌한 마음도
원치 않는 시궁창 마음도

묵시 속에 완성된 주 예수의 죽음의 십자가 안으로
함몰되는 은혜 속에서

그리스도 예수의 심판 주 되심에
아멘으로 찬양케 하십니다.

동행-1

엄마가 배 속의 아가에게 이야기합니다.
"아가야, 세상에는 놀라운 일들이 많이 있단다.
엄마 배 속이 좁고 답답해도 잘 참고 견디다가 나오렴.
엄마 배 속에 있는 것과는 상상도 할 수 없는 넓은 세상과
아가의 얼굴을 보고픈 엄마가 기다리고 있단다."

우주에 대해
하늘과 땅에 대해
아주 좁은 배 속의 아가에게
계속해서 들려줍니다.
못 알아듣지만

단지, 아가는 아주 좁은 공간에서
엄마 몸의 영양분을 공급받으며
조용히 먹고 자고, 먹고 자며
동행하다가

때가 되면
벗은 몸으로 낯선 세상과 마주하며
소리로만 듣던 엄마의 얼굴을
따스한 품속에 안겨 보게 됩니다.

예수님도 십자가 안의 성도들에게 말씀하십니다.
"성도야, 믿음의 세계는 놀라운 일들이 많이 있단다.
십자가 안이 좁고 답답해도 잘 참고 견디다가 나오렴.
십자가 안에서만 볼 수 있는 창세전 언약과
천사들도 알지 못했던 교회 탄생 비밀과 그리고 모든 만물의
존재 이유를 알게 된단다."

저주와 죽음에 대해
언약과 새 언약에 대해
주님의 심판 주 되심에 대해
아주 좁은 십자가 안의 성도에게
계속해서 들려줍니다.
못 알아듣지만

단지, 성도는 아주 좁은 십자가 피 안에서
예수님의 피와 살을 공급받으며
조용히 먹고 자고, 먹고 자며
동행하다가

때가 되면
그리스도의 몸으로
낯익은 아들의 나라와 마주하며
소리로만 듣던 주 예수의 얼굴을
사랑의 품속에 안겨 보게 될 것입니다.

동행-2

이 땅에 첫발을 디딘 아가는
울면서 인생을 시작합니다.
이 땅의 실체를 알고 온 듯이

울면서 태어난 아가를
웃으면서 안아주는 인생의 선배들은
자신은 울면서 태어나지 않은 것처럼
울지 말라고 달래고 어르며
아가의 뜻 모를 작은 미소에도 기뻐합니다.

나를 위한 미소로
나를 위한 기쁨으로 기뻐하며…….

이 땅을 힘겹게 살다가 떠난 인생의 선배들은
입을 다물고 인생을 마감합니다.
이 땅의 실체를 깨닫고 간 듯이

입을 다물고 떠난 인생의 선배들을
울면서 보내주는 인생의 후배들은
자신은 죽지 않을 존재인 것처럼
함께 했던 추억만 기억하며
인생 선배의 죽음의 의미를 모르기에 마냥 슬퍼합니다.

나의 추억 때문에
나의 외로움 때문에 슬퍼하며…….

태어남과 죽음조차도
'나'만을 위한 기쁨과 '나'만의 외로움으로 생각하는
'나'에게만 사로잡힌 자를 사로잡아서

진짜 죽은 자가 누구며
진짜 태어난 자가 누구인지

이 땅의 태어남과 죽음으로
그리스도 예수의 십자가 죽음 안에서
죽은 자만이
그리스도 예수의 십자가 죽음 안에서
다시 태어난 자임을

오늘도
말씀 앞에 세우셔서
'나'의 왕 됨으로 하늘의 왕 예수를 죽인 살인자로 드러나게
하시며
주 예수 그리스도의 십자가 죽음과 심판 주 되심을
자랑하게 하십니다.

동행-3

푸른 하늘 아래, 연초록으로 아름답게 빛났던 그 시절을
우린 그리워하며 노래하고 있었어요.
연초록 잎에 내려앉은 햇살에, 살포시 눈도 감아보고
연초록 잎을 설레게 하는 달빛과 별빛의 신비로움에
상상의 세계를 마음껏 즐겼던 그 시절.

아! 잊을 수 없는 그 시절!
우린 그날도 연초록으로 빛났던 그 시절을,
땅이 우리를 굳건하게 붙잡아 주고 있어서
몸은 무거웠지만 마음만은 편안하게
그 감미로운 추억의 옛 노래를 부르고 있었어요.

아, 참! 땅과의 처음 만남도 잊을 수가 없어요.
어두운 곳에 떨어져 당황하고 있는 우리에게
땅은 우리의 본성을 알고 있는 것처럼
듣기 좋은 이야기를 해 주었죠.
특히 우리 미래의 능력과 행동에 대해서
노력하면 할수록 대단한 자부심의 가치를
얻게 될 것이라 했죠.

땅의 말대로 우린 땅을 딛고 올라서서
처음 보는 세상에 당도하게 되었고
넓은 땅과 높은 하늘도 보게 되었지요.

우린 땅의 교훈대로
푸른 하늘 위로 올라가기로 마음먹고
위로 위로 거침없이 올라갔지요.
땅이 알려준 대로 대단한 자부심을 가지고요.
아주 기분이 좋았죠.

그러던 어느 날
우리의 몸은 무거워지기 시작했고
위로는 더 이상 올라갈 수 없기에 놀라 두려워하며
땅에게 물으니, 땅은 마치 모든 것의 주인인 것처럼
그럴듯한 달콤한 목소리로 걱정 말라며
더 노력하면 곧 올라갈 수 있으니
희망을 가지고 인내하라고 하더군요.

우린 그날도 땅의 달콤한 말을 믿으며
기분 좋았던 초원의 빛인 옛 노래를
끈질기게 부르고 있는데
느닷없이, 알 수 없는 외부의 힘에 의해
우린 땅의 힘으로부터 절단되고 분리되어
일방적으로 들이닥친 고통스러운 전쟁을
치르게 되었지요.

땅이 마련해 준, 비록 까칠까칠하지만
우리의 허물을 감추기엔 충분했던
말라버린 껍질 옷이 강제로 다 벗겨져 버려지고
우린 벗은 몸으로 부끄러워하며
희망의 노래가 아닌
원망의 노래를 부를 수밖에 없었지요.

우리의 부끄러운 상황과 상관없이
우린 어딘가로 이동되고
그곳에서 우리의 온몸이 부서지고 뭉개져서
부끄러움의 모습도 알아볼 수 없는
티끌 같은 가루가 되었지요.

바람 한 번 훅! 불면
방향도 알 수 없는 곳으로 사라질 존재로
어찌할 수 없는 절망의 전쟁 포로로 갇혔을 때
다행히도 새 부대에 안전하게 담아 주더군요.

우린 새 부대 안이
우리의 마지막 안식처인 줄 알고
그동안 고생하며 겪은 아픔의 의미도 잊어버리고
또다시 과거의 빛났던 그 시절을 그리워하며
사라져 버린 희망의 옛 노래에
마음을 빼앗기고 있었지요.

비록 품위 있던 옛 모습은 빼앗겼을지라도
이전보다 더 치밀하게 분열된 탐욕의 가루가 되어
지난날의 땅의 화려함과 자부심에 대해
변함없는 가치로 자랑하며
만족할 수 없는 자기 사랑에 중독된 왕의 자리를
치밀하게 분열된 자존심으로 고집하고 있는데

갑작스레, 안식처로 생각한 새 부대가 터지고
쏟아져 나온 우리 가운데로
우리가 땅에서 자랄 때
목말라 수시로 불평하면
하늘에서 내려오던 그 생명의 물이
쏟아져 들어오는 겁니다.

쏟아져 들어온 물과 섞인 우리는 깜짝 놀랐죠.
우리의 형태가 있던 예전에는
물은 물대로, 우린 우리대로
경계가 유지되는 만남이었는데

절망의 가루가 되어 만난 지금은
우리가 물인지, 물이 우리인지
구별할 수 없는 한 몸이 되었기 때문이죠.

더 이해할 수 없는 일은
우리와 한 몸이 된 하늘에서 내려온 물이
땅이 입혀 준 까칠까칠한 말라버린 껍질 옷을
입고 있었을 때는 알려주지 않던
창세전 언약의 이야기를 들려준 것이죠.

하늘의 왕이신 인자가
이미 한 알의 밀알로 이 땅에 오셔서 썩어짐을 당하셨다고
그리고 많은 생명의 열매를 맺으셨다고.

그리고 그분이 직접 자기 몸으로
전쟁의 전신 갑주가 되어 끝까지 이길 힘도 주시며
그분이 홀로 완성하신 새 노래를 부르게 하시니
두려워하지 말라고 하더군요.

하지만 우리는 보이는 땅만 믿어 왔기에
하늘 왕인 인자에 대한 관심도 없었고
한 알의 밀이 땅에 떨어져 썩어짐으로
많은 생명의 열매를 맺게 되었다는 미련한 죽음과
직접 자기 몸으로 전쟁의 전신 갑주가 되어 주신다는
새 노래의 어리석은 희생 이야기가

인과응보를 필연으로 생각하며 살아왔고
권선징악을 선악의 전부로 믿어온 우리에겐
단지 미련한 죽음이요, 어리석은 희생 이야기로
비웃음과 조롱거리로
침 뱉음의 저주의 이야기로만 들리기에
그저 습관처럼 사라진 희망의 옛 노래만
애처롭게 부르는데

별안간, 출렁출렁하더니
아래로 곤두박질하며
뜨거운 불구덩이 형틀로 떨어지는 겁니다.
어찌 된 일인지 살필 겨를도 없이
문이 바로 닫히더군요.

너무나 뜨겁고 뜨거워서
우린 아무것도 할 수 없는 죽음 속으로 빨려 들어가며
비참한 전쟁 포로의 종말을 맞이한 줄 알았지요.

그런데 그곳에서
우리는 정말 우리가 알고 있던 말로는 표현 못 할
신비하고 놀라운 광경을 보았어요.
우리와 한 몸이던 하늘에서 내려온 생명의 물이
온몸으로 우리를 보호하며 자신은 불 속으로 사라짐을

놀라움도 잠시, 닫힌 문이 열리더니
물의 희생으로 보호받은 우리 몸이
빠른 공중회전을 하며
다시 뜨거운 불구덩이 형틀로 떨어지며
문이 굳게 닫힐 때
바로 그때, 우린 정확히 보았지요.
공중회전하며 새롭게 변한 우리의 몸을

스스로 전쟁의 전신 갑주가 되어
대신 죽으심의 사랑으로 살아난 우리는
이젠 뜨거운 불구덩이라도 좋다고 눈을 감는 순간!
굳게 닫힌 불구덩이 문이 다시 열리며

연초록 잎에 내려앉던 따스한 햇살도
연초록 잎을 설레게 했던 달빛과 별빛도
전혀 알지 못했던
새 노래인 하늘의 생명을!
온 우주와 만물 위에 울려 퍼지는
아버지와 아들의 비밀스러운 감탄사로 들려주셨지요.

"와우, 황금잉어빵이 맛있게 익었네!"

황금잉어빵 틀에서만 완성되는 황금잉어빵처럼
죽음의 십자가 틀에서만 완성되는 그리스도인임을

내 힘으로, 내 의지로 갈 수 없는 곳이기에
주님이 홀로 완성하신 십자가 형틀에 넣어서

부활의 첫 열매이신 그리스도 예수의 이름으로만
열리는 그리스도인이라는 생명의 열매를
맺어주신 것이랍니다.